ESQUISSE

DU VÉRITABLE

SYSTÈME PRIMITIF DES VOYELLES

DANS LES

LANGUES D'ORIGINE INDO-EUROPÉENNE

PAR

PAUL REGNAUD

PROFESSEUR DE SANSKRIT ET DE GRAMMAIRE COMPARÉE
A LA FACULTÉ DES LETTRES DE LYON

> Le caractère scientifique d'une hypothèse dépend du nombre de faits qu'elle explique.
>
> BERGAIGNE, *Rel. védique*, III, 227.

PARIS

ERNEST LEROUX, ÉDITEUR

28, RUE BONAPARTE, 28

—

1889

ESQUISSE

DU VÉRITABLE

SYSTÈME PRIMITIF DES VOYELLES

DANS LES

LANGUES D'ORIGINE INDO-EUROPÉENNE

ESQUISSE

DU VÉRITABLE

SYSTÈME PRIMITIF DES VOYELLES

DANS LES

LANGUES D'ORIGINE INDO-EUROPÉENNE

PAR

PAUL REGNAUD

PROFESSEUR DE SANSKRIT ET DE GRAMMAIRE COMPARÉE

A LA FACULTÉ DES LETTRES DE LYON

> Le caractère scientifique d'une hypothèse dépend du nombre de faits qu'elle explique.
>
> BERGAIGNE, *Rel. védique*, III, 227.

PARIS

ERNEST LEROUX, ÉDITEUR

28, RUE BONAPARTE, 28

—

1889

AVANT-PROPOS

Les linguistes qui auront pris la peine de suivre mes travaux,
depuis les *Nouveaux aperçus sur le vocalisme indo-européen*
(1883) *(Essais de linguistique évolutionniste*, p. 1-26), jusqu'aux *Nouvelles observations sur le vocalisme indo-européen*,
que j'ai insérées dans le tome VI, p. 146-151, de la *Bibliothèque de la Faculté des Lettres de Lyon* (1888), reconnaîtront
facilement, je l'espère, les liens qui rattachent la présente
étude à celles dont je l'ai fait précéder dans la même voie.
Dès le début de mes recherches en matière de vocalisme, j'ai
posé en principe, avec l'ancienne école, le caractère primitif de
a indo-européen, mais en même temps l'indépendance de *o*, eu
égard à *a* ou à *e* considérés isolément. Ce dernier point con-
stituait la principale innovation de ma théorie. J'inclinais, il est
vrai, à décomposer *o* en *a* + *u*, éléments dont le premier seulement aurait eu une valeur originale. Ce n'est qu'après avoir
reconnu l'incertitude de cette hypothèse, au moins pour la
période à laquelle je l'appliquais, et m'être mieux rendu compte

de la phonétique des semi-voyelles, que j'ai été amené à donner à mes idées la forme dernière qu'elles revêtiront ici.

Dois-je m'excuser des tâtonnements et des erreurs de détail qui ont fatalement accompagné le progrès de mes théories et précédé leur coordination ? Faut-il insister sur ce point que, soumettant le système de Bopp à une revision fondamentale, j'ai eu à reprendre seul et petit à petit tout son travail et celui de son école ? Ferai-je remarquer que j'ai abouti à une solution systématique des principales questions concernant le vocalisme qui est pour moi le criterium de la vérité, de même que l'incohérence si visible à tant d'égards des doctrines de l'ancienne et de la nouvelle grammaire a toujours été à mes yeux le signe certain de leur insuffisance et de leur caractère provisoire ?

Je ne crois pas avoir à me mettre en grands frais d'explications à ces différents égards auprès des bons esprits, — les seuls dont les suffrages m'importent. Il n'y a que des pédants qui pourraient être portés à traiter d'aventureuses des recherches dont le tort, à leurs yeux, serait d'avoir évolué graduellement vers leur résultat définitif. Et quelle considération scientifique accorder à ceux qui refuseraient de m'écouter au nom du principe d'autorité, et qui ne mettraient pas en première ligne de compte la signification des faits et la valeur logique du système soumis à leur appréciation ?

Je me permets donc de compter sur un examen consciencieux de cet opuscule de la part des savants dont l'approbation peut m'être précieuse, et je me bornerai, pour toute apologie, à attirer leur attention sur les points qui suivent.

Mon système est, non seulement le seul qui rende compte de

la flexion (j'entends par là l'alternance des voyelles de la série
a-e-i avec celles de la série *o-u)* et d'une manière aussi simple
que probante, mais il présente en même temps l'avantage d'en
expliquer les différentes formes par le jeu de procédés phonétiques semblables. Je ne saurais trop redire que cet enchaîne-
ment logique de l'ensemble est la meilleure garantie, à mon
sens, de la solidité des preuves de détail.

En général, j'ai réduit mes exposés de faits, mes conclusions
et l'appareil démonstratif qui relie ceux-là à celles-ci à leur
plus simple expression. M'adressant à des gens du métier,
j'ai cru pouvoir supprimer ce qu'on doit supposer qu'ils con-
naissent déjà. C'est ainsi que j'ai laissé de côté toute considération sur les rapports des formes fortes et faibles avec
l'accentuation. Je renvoie le lecteur, sur ce point particulièrement, à l'ouvrage de M. de Saussure dont j'ai imité le titre
(qu'il veuille bien m'excuser !). Quoique son système général
me paraisse absolument inacceptable, beaucoup de ses observations de détail et, entre autres celles dont je viens de parler,
gardent tout leur prix.

Enfin, j'opposerai purement et simplement les explications
fournies au § III, page 42, à ceux qui seraient tentés de
considérer *a priori* comme invraisemblable le vocalisme complexe auquel mes théories obligent à remonter.

Je terminerai par une remarque qui résume à la fois les principes qui m'ont guidé et les conséquences qui se déduisent
d'elles-mêmes des faits à l'étude desquels ce travail s'applique :
les formes qui semblent les plus simples dans les langues indo-
européennes sont déjà des dérivés de primitifs perdus ; or, la dérivation entraînant généralement la contraction et l'affaiblissement vocaliques, c'est se condamner fatalement à l'erreur de

considérer comme primitif le vocalisme actuel de ces formes et de raisonner d'une manière à peu près exclusive sur des apparences aussi trompeuses.

Là est l'infirmité originelle des systèmes de l'ancienne grammaire et de la nouvelle, et la justification, je l'espère du moins, de la méthode sur laquelle le mien est fondé.

P. R.

Mantoche, le 22 septembre 1889.

ESQUISSE

DU VÉRITABLE

SYSTÈME PRIMITIF DES VOYELLES

DANS LES

LANGUES D'ORIGINE INDO-EUROPÉENNE

La théorie dont l'exposé et la démonstration sont le but de ce travail repose sur les principes suivants que je me suis déjà efforcé d'établir dans différents travaux[1] :

1° Le mouvement général du vocalisme dans tous les idiomes d'origine indo-européenne consiste dans l'affaiblissement de

$$\hat{a}, \ \breve{a} \quad \text{en} \quad \hat{e}, \ \breve{e}$$
$$\hat{e}, \ \breve{e} \quad \text{en} \quad \hat{\imath}, \ \breve{\imath}$$
$$\hat{o}, \ \breve{o} \quad \text{en} \quad \hat{u}, \ \breve{u}$$

2° Les voyelles $\hat{a}$, $\hat{e}$, $\hat{o}$, qui sont pour $\breve{a}\breve{a}$, $\breve{e}\breve{e}$, $\breve{o}\breve{o}$, donnent souvent aussi, par suite de l'affaiblissement de leur élément final, les diphtongues $\breve{a}\breve{e}$, $\breve{e}\breve{\imath}$, $\breve{o}\breve{u}$.

3° Une saine induction permet d'attribuer aux périodes anté-littéraires de chaque idiome, et à la langue mère elle-même, des

---

[1] Voir en particulier *Linguistique évolut.*, *passim*, et *Nouvelles observations sur le vocalisme indo-européen*, dans le tome VI de la *Bibl. de la Faculté des lettres de Lyon*.

lois identiques à celles qui viennent d'être indiquées en ce qui regarde les variations du vocalisme.

4° La voyelle $\acute{o}$ (ou $\breve{o}$), ne résulte jamais de la modification d'une autre voyelle.

5° Le vocalisme indo-européen, d'où procède celui que les plus anciens documents nous font connaître, s'accusait, au moins dans la plupart des formes, par la juxtaposition de deux ou plusieurs voyelles longues [1].

---

[1] Je rappelle aussi ce principe qui domine tous mes travaux : les parties radicales des formes indo-européennes ne sont pas irréductibles entre elles, autant au point de vue des sons qu'en ce qui concerne les sens ; en général, différentes de ces parties se rattachent à un même antécédent dont chacune des nombreuses variantes phonétiques et significatives a servi de base au développement de la dérivation.

Est-il besoin que je profite également de l'occasion pour m'inscrire, une fois de plus, en faux contre la prétendue constance des lois phonétiques ?

§ 1

RAPPORTS VOCALIQUES ENTRE DES FORMES APPARTENANT A DIFFÉ-
RENTS DIALECTES INDO-EUROPÉENS QUI S'EXPLIQUENT PAR L'HY-
POTHÈSE D'UN GROUPE *óâ*, OU SES SUBSTITUTS RÉGULIERS, ET SEU-
LEMENT AINSI.

J'examinerai d'abord les cas où ces voyelles étaient *óâ*.

Il convient de remarquer, avant tout, que si le second terme *(â)*, est frappé par l'affaiblissement, il peut donner *ă,– ê* ou *ě,– î* ou *ĭ,–* ou encore *ăě,– ăĭ,– ěĭ*.

Quant au premier *(ó)*, il est susceptible de donner *ŏ-, û,– ŭ–* ou *ŏŭ*; de plus, *û* ou *ŭ*, résultant de l'affaiblissement de *ó*, peut se changer en la semi-voyelle *v* devant le second élément du groupe vocalique primitif, à savoir *â* affaibli ou non.

Enfin, l'un ou l'autre des éléments du groupe *óâ* peut disparaître dans les cas suivants :

1° *óâ* affaibli en *óă, óě*, peut se réduire à *ó"*. Exemples : pour le sanskrit, saṃdhi, *so'pi = so api;* pour le ʻgrec ἥρω, ἥρως pour *ἥρωα, *ἥρωας, etc.; pour le lat. *ûnus* pour *óenus*, par l'intermédiaire *ó'nus, -por* pour *poer* d'où *puer*, etc.

2° Dans *óâ* réduit à *uâ, uê,* etc., d'où *vâ, vê,* etc., la semi-voyelle *v* résultant de l'affaiblissement de *ó,* peut disparaître comme terme final d'un groupe de consonnes. C'est ainsi que, pour le sanskrit, s'expliquent les doublets *takṡ-tvakš, tar-tvar, sañj-svañj*, etc. ; — en grec τέ pour *τϜε, cf. lat. *que*; τίς, pour *τϜις, cf. lat. *quis;* τέσσαρες pour *τϜεσσαρες, cf. lat. *quatuor*, etc.; —

en lat. *canis* pour *cvanis*, cf. sk. *çvan; dulcis* pour *dulcvis*, cf. gr. γλυκύς; *sterno* pour *sternvo*, cf. sk. *stṛṇomi*, gr. στρώννυμι, etc.

a. — Rac. sk. *kšobh — kšubh*, pousser, mettre en mouvement, auprès de *kšep — kšip*, lancer, agiter, etc. L'une et l'autre d'une forme forte primitive *kšóéph*, d'où, avec élision de *e* et adoucissement de *ph* en *bh, kšo'bh;* et, avec affaiblissement de *o* en *u*, changement de celui-ci en *v* devant la voyelle suivante, chute de *v* après une consonne et désaspiration de *ph, *kšvep, kšep*.

La preuve évidente de ces transformations est fournie par les formes suivantes :

Zend, *khšviv, khšub, khšufs*, correspondant du sk. *kšobh-kšubh;* la forme *khšviv* est particulièrement précieuse parce qu'elle a conservé les substituts des deux termes de l'ancien vocalisme.

Zend, *khšiv*, correspondant du sk. *kšip;* cette forme si voisine de *khšviv*, contribue fortement à prouver l'origine commune des deux racines.

Sk. *kop-kup*, s'agiter moralement, s'irriter, être en colère, pour *skop-skup*. On connaît d'ailleurs le rapport des groupes *sk* et *kš*.

Sk. *vep-vip*, agiter, mettre en mouvement, surtout au moral, pour *kvep-kvip*, *skvep-skvip* (pour la chute d'une gutturale initiale devant *v*, cf. entre autres exemples, *ghûrṇ, hûrṇ*, auprès de *vṛṇ*, tracer des circuits, entourer, envelopper). Cette forme radicale est à comparer tout particulièrement au zend *khšviv* dont elle a toute l'importance au point de vue de la complexité du vocalisme *(vi = ui)*.

Non moins importantes sont les formes germaniques *schweben*, s'agiter en planant, *weben*, s'agiter, se mouvoir (pour *hweben*).

Enfin dépendent encore de la même famille et s'expliquent pareillement : le sk. *çubh* et *çibh* (dans *çibham*), s'agiter, pour *çco'bh, çcvibh, *sko'bh, *skvibh*[1], — Le grec κόπτω, pour *σκο'πτω, pousser; σκήπτω, lancer, pour *σκϜηπτω, etc.

b. — Les doublets zends *khšvid, khšud*, peuvent fournir la preuve que la racine sanskrite correspondante *kšod-ksud* (cf.

---

[1] Sur le rapport du ç sk. avec le groupe *sk*, voir *Ling. évol.* p. 92, *seqq.*

cod–cud) est pour *'kṡóàd*, *'kṡôêd*, *'kso'd* (cf. lat. *quat-io* pour *'qoatio*[1]).

Même preuve résulte des doublets zends *zuṡ, zeviṡ*, aimer, eu égard au sk. *joṡ–juṡ*, pour *jo'ṡ*; des doublets zends *khrus, khrvis,* tourmenter, eu égard au sk. *kleç–kliç*, même sens, pour *'klveç*, ainsi qu'à *riṡ* et *riç*, déchirer, tourmenter, nuire (pour la chute de la gutturale initiale, cf. *vep)*, d'où *reṡ–riṡ, reç–riç* pour *'rveṡ, 'rveç*.

Tenir compte également, à l'appui des mêmes faits, des doublets radicaux du zend :

> *khṡnvis* et *khṡnus*, réjouir ;
> *mrui* et *mru*, dire (cf. sk. *bravî-mi);*
> *stui* et *stu*, célébrer (cf. sk. *stavî-mi);*
> *khrui* et *khru*, être terrible ;
> *khṡui* et *khṡu*, manger.

Enfin, les formes zendes comme *baroithra, doithra*, prouvent que les racines *brî*, couper, et *dî*, voir, dont elles dérivent, sont pour *'broî, 'brvî, 'doî, 'dvî*. Comparer à cette dernière les formes radicales sanskrites *dî*, briller, et *dû*, brûler, l'une et l'autre pour *'doe, 'doî, 'dvî* (Le rapport entre les significations voir-briller-brûler est d'ailleurs bien connu). .

. *c*. — En sk., le rapport des racines *doṡ–duṡ*, nuire, *dveṡ–dviṡ*, haïr, zend *dbiṡ* pour *'dvis*, faire du mal, ramène à une forme primitive·commune *'dóês*; cf. les particules péjoratives sk. *duṡ*, gr. δυς, lat. *dis* pour *'dvis*.

Le sk. *kṡved–kṡvid, sved–svid* (ici *s* initiale résultant de l'assimilation de *ks* en *ss, s)*, suer, auprès du grec ἰδ (dans ἰδρώς) pour *'σϜιδ*, — du lat. *sûd* (dans *sûd-or)*, — de l'all. *schweiss*, etc., sont des formes qui nécessitent l'admission d'un primitif comme *'kṡôêd, 'sôêd*.

Sk. *tveṡ–tviṡ* (zend *tiṡ)*, brûler, rendre ardent au physique et au moral, piquer, exciter, etc., auprès de *tej-tij* (le ṡ de *tveṡ* est pour *kṡ*, cf. *ṡaṡ* pour *'kṡakṡ)*, exciter, piquer, et de *toj-tuj*, exciter,

---

1 D'où *·cutio* pour *'coetio.*

animer, lancer, supposent un primitif *tŏêks, *tŏêj. A la même famille appartiennent, comme on sait, gr. στίζω, pour *στϜιζω, lat. *stinguo* pour *stvinguo.

Sk. *kroç-kruç*, crier, auprès du grec κρώζω, κλώζω, κρίζω (κέκριγα), — ce dernier pour *κρϜιζω, ramènent à *krŏêç.

Les formes identiques *a priori*, sk. *jîvas*, gr. βίος, lat. *vivus*, goth. *qius*, auprès du lat. *vigeo*, ne peuvent reposer que sur la forme, commune *gŏîgvas, *gvîgvas, d'où sk. *jvîgvas; gr. *γϜιγϜος, de *γϜιγϜος, lat. *gvîgvus; vigeo* étant de son côté pour *gvigveo.

βαρύς pour *γυαρυς, *γϜαρυς, *γϐαρυς auprès du sk. *gurus* pour *go'rus, et *garîyas* pour *gvarîyas; (cf. aussi sk. *giris* pour *gviris), supposent un antécédent radical commun *goar.*

d. — Les faits qui précèdent contribuent à l'explication des suivants :

Lat. *loeb-ertas* ou *loib-ertas* [1], *lub-et, lib-et;* ces dernières formes pour *lo'b-et, *lvib-et.

Lat. *foed-us* ou *foid-us, fides;* cette dernière forme pour *fvid-es; de même πέποιθα, πέπιθμεν pour *πεπϜιθμεν [2] comme πείθω pour *πϜειθω, *πϜηθω.

Ϝοιδα, Ϝιδμεν pour *ϜϜισμεν (rapprocher de Ϝοισθα, le zend *voista),* d'où la preuve que le sk. *veda* (forme à redoublement initial) est pour *u-oeda, *u-u·da, et le lat. *vidi* pour *u-uidi.

Racine lat. *qui* (dans *qui--es,* etc.) pour *coi; cf. gr. κοῖτος, etc., d'où la preuve que le gr. κεῖμαι est pour *κϜει-μαι, le sk. *çete* pour *çvete, etc.; cf. zend *šoithra* = sk. *kše-tra,* pour *kšve-tra, d'une racine *ksoe, d'où *kše-kši,* doublet de *çe-çi.*

οὖλος, crépu, pour *ὠελος, auprès du lat. *vellus* et *villus,* toison, touffe de poil.

Lat. *foe-tus* et *fê-tus* pour *fvê-tus, fê-mina* pour *fvê-mina,* gr. éol. φυίω; d'où la preuve que φί-τυς est pour *φϜι-τυς; lat. *flo* pour *fvio; cf. ombrien *fuiest,* et *fito* pour *fvito.*

---

[1] Contrairement à l'opinion courante, le groupe vocalique latin *oe* est l'antécédent de *oi.* Ces groupes alternent dans les plus anciennes inscriptions. Même observation pour les groupes grecs οε, οι.

[2] Le rapport entre πέποιθα et *πεπυιθμεν (*πεπϜιθμεν) est le même qu'en sk. entre *bubodha* et *bubudhma.*

κοινός, auprès de ξυνός, d'antécédents *σκοινος, *κσο'νος; cf. le rapport de ξύν et du lat. *cum* pour *scum*.

λοιγός, auprès de λυγρός, ce dernier pour *λο'γρος.

τοῖχος, auprès de τεῖχος, ce dernier pour *τϝειχος, etc.

Ces derniers rapprochements surtout contribuent à l'explication de l'ablaut οι–ει, ι, pour οι–ϝει (ϝη), ϝι.

Ainsi λείπω, ἔλιπον, auprès de λέλοιπα sont pour *λϝειπω, *λϝηπω, *ἐλϝιπον; d'où cette conséquence que la rac. sk. *rec–ric* est pour *rvec–rvic*, antérieurement *roec–roic*.

S'expliquent encore de la même manière les redoublements à forme intensive, comme ceux qu'on constate dans δοίδυξ pour *δοιδοεξ, μοιμυάω, μοιμύλλω, ποιφύσσω, etc.; cf. sk. *tavî–tu–*, *yavî-yudh–*, etc.

Nous allons poursuivre l'examen détaillé des même faits dans les éléments formatifs des mots où se sont produites des modifications analogues à celles dont il vient d'être question d'une manière générale.

DANS LES RACINES

1° Terminées par une liquide.

Dans la plupart de ces racines, le vocalisme *o-u* alterne avec le vocalisme *a-e;* forme primitive, *ŏâ, ŏê.*

SANSKRIT

Le vocalisme *o-u* y apparaît en général aux formes faibles (celles du moyen, des participes passés, etc.); aussi se présente-t-il presque toujours sous la forme *û* ou *u*.

Souvent *î* ou *i* paraît alterner avec *a* ou *u*, mais, très probablement, ces voyelles sont pour *uî, ui (vî, vi)*.

Particulièrement intéressant est le rapport des formes radicales *tvar, tar, tur, tur-v, tûr-v*, aller, aller au delà, traverser, dans *tvaraṇa* A V. [1], *taras* V., *tura* R V., *tur-v--a* R V., *tûr-v-i* R V.

---

[1] Pour ces abréviations, voir l'ouvrage de M. Whitney, *The roots*, etc., *of the sanskrit language*, auquel les citations qu'elles accompagnent ont été empruntées.

Formes en *î*, comme le part. *tîrṇa* V. pour *tvîrṇa*; en *i*, comme *tirati* V. pour *tvirati*.

Même rapport entre *jvar* et *jval*, briller-brûler; *jur*, *jar*, dépérir, vieillir[1], *jûr-v*, brûler, — dans *jvâra* RV., *jvalati* B., *jûrṇa* RV., *jaranta* RV.; *jûr-v-ît* RV; aussi *jîrṇa* AV. pour *jvîrṇa*, *jirvi*, AV., pour *jvirvi*[2].

Autres exemples :

Kar, *kur*, faire; *karoti* RV.; *kurute* RV.

Kar, disperser; *kariṣyati* B., aussi *kir*, *kirati* V. pour *kvirati*, *kîrṇa* B, pour *kvîrṇá*. Cf. *chur*, même sens, *churita* B.

Kar, rendre un son, crier, célébrer; *akârṣam*, aor. AV., aussi *kir*, d'où *kîrti* V., pour *kvîrti*, et cf. rac. slave *skver*, faire entendre un son.

Gar, *gur*, *gir*, chanter, crier, célébrer; *jagâra*, TA.; *gûrta* V.; *gurate* V.; *gîrya* B., *gir* V.

Gar, *gur*, *gir*, *gil*, manger, dévorer; *garat* V.; *jargurâṇa* RV.; *gîrṇa* V., *girati* A. V., *gilati* B.

Ghar, briller-brûler; *gharma* V.; cf. slave *gor*, même sens; all. *war-m*; chaud.

Car, *cur*, *cir*, aller, s'agiter; *carati* V.; *carcûrya* V.; *cîrṇa* V.

Car-v, *cur-v*,, mâcher; *carvita* C.; *cûrṇa* S.

Jar, *jur*, chanter, crier; *jarate* V; *jûrṇi* RV. Cf. *gar*, *gur*, *gir*, dans le même sens.

Dhvar, *dh'r*, *dhur*, *dhûr-v*, nuire, *dhvarati* B.; *dh'r-u-ta* TB.; *dhûr-ta* E.; *dhûr-v-ati* V.

Dhar, *dhur*, *dhir*, porter; *dâdhâra* V.; *dhur* V.; *didhîrṣu* C.;

Par, *pur*, remplir; *piparti* V.; *pûrṇa* V.; *puru* V.

Phal, *phul*, éclater; *phalati* E.; *phulla* E.

Bhar, *bhur*, porter; *bibharti* V.; *bubhûrṣâ* S.

Mar, *mur*, mourir; *marate* RV.; *murîya* V.; *mumûrṣâ* E.

Mar, *mur*, broyer; *marîtar* RV.; *mûrṇa* AV.; *mur* RV.

Var, *vur*, choisir; *varanta* RV.; *vûrya* V.; *vurîta* V.

---

[1] Le rapport entre *jvar* et *jar* a déjà été indiqué par divers savants et entre autres par Grassmann, *Lexique du Rig-Veda*.

[2] Cf. les formes grecques comme κοίρανος, κοῖλος, μοῖρα, χοῖρος.

Çar, çur, çir, broyer; *açâri* V. ; *çûrta* RV. ; *çûraṇa* RV.
çîrṇa AV. ; *çir* C.

Star, stur, stir, étendre ; *astar* RV. ; *tustûrśate* B; *stur* RV. ;
stîrṇa V. ; *stir* RV.

Sphar, sphur, éclater; *spharis* RV.; *sphûrti* C.; *sphurati* V.

Smar, smur, se souvenir; *smarati* V. ; *susmûrśa-,* gram.

Svar, sur, briller ; *svar* V.; *sûrya* V.

Hvar, hval, h'r–u, hur, aller de travers; cf. *ghûr,* même
sens; *hvarate* RV. ; *hvalati* ÇB.; *hr–u–ṇâti* RV.; *juhuras*
RV.; *hûrya* RV.; *ghûr–ṇâti* RV.

REMARQUE. — Il est évident qu'en sk. le rapport entre les
formes radicales *svap–sup, çvan–çun, dvâr–dur, vac–uc, vap–
up,* etc.. s'est établi de la même façon qu'entre *tvar–tur, jvar–jur,
svar–sur.* Dans les deux cas, il y a eu, en ce qui regarde les formes
faibles, élision de *a* à la suite de *o* qui, plus tard, s'est affaibli en *u.*
Quant à la certitude que l'*u (v)* actuel est un ancien *o,* elle résulte
de la conservation de celui–ci en grec dans les formes comme
φόρος, πόρος, χορός, etc., et en latin dans *sŏpor* (cf. *svap–sup), sôl,*
(cf. *svar–sûr), mŏrior* (cf. *mar–mur)* etc.

GREC

βάλλω, βόλος ; — βούλομαι, cf. sk. *var,* choisir ; — βιϐ'ρώσκω, pour
*βιϐερωσκω, βόρος ; — δέρω, δορός ; — ἔρρω, –ορρος ; — εἴλλω, οὖλος ; —
θέρω, θοῦρος, cf. θύελλα ; — κείρω, κουρίς, cf. κόλος et σκύλλω ; — μεί-
ρομαι, μόρος ; — πείρω, πόρος ; — πέλω, πόλος ; — σαίρω, σύρω, cf. lat.
verro pour *sverro ;* — σπείρω, σπόρος ; — στέλλω, στόλος ; —
στορέννυμι, cf. sk. *star;* — τείρω, τορός|; — φέρω, φόρος ; — φθείρω,
φθόρος, ἔφθορα ; — χαίρω, χορός.

REMARQUES. — La diphtongue ει de πείρω, κείρω, φθείρω, etc., est
le substitut affaibli d'un ancien η (εε), issu lui–même de ā. La
preuve en ressort, non seulement des formes dialectiques comme
φθήρω, φθάρω, mais aussi de l' î des participes passés sanskrits
comme *kîrṇa, tîrṇa, stîrṇa,* etc., où il représente l'*â* d'anciennes
formes radicales fortes, *kvâr, *tvâr, *stvâr ;* les formes *kar, tar,
star,* résultent d'affaiblissements postérieurs. L'ă des formes faibles

grecques comme χαρτός, φθαρτός, ἔχαρην, ἔφθαρχα, etc., dérive
directement de cet ancien ᾱ, selon le rapport ἴστᾱμι (dor.), ἴστᾰμεν.
Tout ce qui précède montre d'ailleurs avec la dernière évidence
que les racines à liquides, en général, ont subi de profondes modifications dans le vocalisme à partir de la fin de l'époque d'unité.

L'établissement de l'ablaut ε-ο apparaît aussi clairement que
possible dans ὄχος, char, pour *ὀεχος (d'où dérive sans doute οἴχο-
μαι, aller, courir, s'en aller, qui sont aussi parmi les sens du
sanskrit *vah) *ὄ″χος, auprès de la racine ἐχ, pour *υεχ, *ϝεχ, antérieurement *οεχ; lat. *veh (dans *veho), anciennement *oeh; sk. *vah,
anc. *oah; et du substantif sk. *oghas pour *oaghas, *o'ghas.

LATIN

*Călor, color; cf. coelum et caelum; — cêlo, oc-culo; —
curro, cf. carrus, celer, sk. car; — celsus, culmen; —percello,
perculsus, cf. gr. κέλλω; — cornu, cf. κέρας; — culter, curtus,
cf. κείρω; — colo, curo (coero), cf. sk. kar; — fero, for-tuna,
for-tis; — gallus, garrio, auprès du sk. gar, crier; — gula,
cf. sk. gar, dévorer; — hirsutus pour 'hvirsutus, horreo; —
mollis, cf. μαλακός; — mille, cf. μύριος; — morior, mors, cf. sk.
mar; — pars, portio; — pello, pepuli, pulsus; — pîlo,
spolio; — pîla, σφῦρα; — sălio, -sulto; — salvus, sollus,
ὅλος; — scelus, σκολιός; — serum, ὀρός; — sôl, cf. sk. svar; —
sôror, cf. sk. svasar; all. schwester; — spîro, cf. sk. sphur;
— sterno, cf. sk. star, stur; — terra, torreo; — vello, vulsi,
vulsus.*

GOTHIQUE

Série des verbes comme *faran (for, forun).*

DIALECTES SLAVES

Voir pour le rapport *e--o* dans les racines à liquides (et autres)
Miklosich, *Vergl. Lautlehre der slav. Sprach.*, I, 62 seqq.

Remarques. — Dans ces dialectes, s'explique, comme pour le
grec, le rapport entre les formes fortes et les formes faibles des

racines suivantes : *ki-koi,* être en repos, cf. χεῖμαι, χοῖτος; *gi-goi,*
soigner; *bi-boi,* frapper; *pi-poi,* boire; *ri-roi,* pousser; *li-loi,*
couler; *vi-voi,* lier; *si-soi,* briller, etc.

2° Dans les racines non terminées par une liquide.

Les mèmes rapports existent dans les racines qui ne contiennent
pas de liquide finale, avec cette différence toutefois que les variantes
vocaliques ont constitué plus communément des racines considérées
commes distinctes. C'est ce qui ressortira des listes suivantes..

SANSKRIT[1]

Kamp, trembler; *kup,* être agité moralement, être irrité;
Kaš, écorcher, graver; *kuš,* déchirer;
Kart, couper; *kuṭṭ,* même sens, forme prakritisée de *kart*
d'après la conjecture de M. Whitney;
Krand, kland, crier; *rud* pour *⁺krud,* gémir, pleurer;
Kruç, crier; lat. *glocio,* etc., χράζω, ἔχραγον; cf. χλώζω, χρώζω;
— χρίζω, χέχριγα, même sens;
*Klid (*klvid)* mouiller, se mouiller; χλύζω, ἔχλυσα, arroser;
Kliç (⁺klviç), faire du mal, blesser; *riç* pour *kriç, déchirer;
riš pour *kriš, souffrir un dommage; cf. le zend *khrviš,* tourmenter, et *khruš* (formes des plus précieuses); cf. aussi ῥήγνυμι, ῥήσσω,
ἔῤῥωγα, briser; *ruç* et *ruš* pour *kruç, *kruš, subir du mal, être
malveillant, irrité; *ruj,* causer du mal, briser;
Kan, crier, faire entendre un son; *kvan,* même sens;
Kšad, couper; *skhid, khid,* broyer; *chid,* fendre; σχίζω, fendre;
lat. *scindo, caedo,* couper; σχάζω, couper; auprès de toutes
ces formes, *kšud,* fendre, broyer, briser;
Kšip, jeter, lancer; zend *khšhiv,* même sens; zend *khšviv,*
mettre en mouvement; *kšup* et *kšubh,* agiter, mettre en mouvement; *kup,* être agité, irrité; zend *khšup* et *khšub,* même sens.
Khel, s'agiter, jouer; *kšvel,* même sens;
Gam, aller, βαίνω pour *γδαίνω, *γϜαίνω; lat. *gvenio;* all.
kommen;

<hr>

[1] Quelques-unes des racines qui figurent à cette liste ne nous sont connues que

Gâ, aller ; *gu* et *gû*, adjectifs verbaux se rattachant à la même racine ;

Gâ, chanter ; *gû*, résonner, célébrer, chanter ;

Gah (dans *gahana*), être plongé, caché ; *guh*, cacher ;

Grabh, prendre ; γρύψ, κλώψ ;

Cakš, briller, voir ; *cokša, coṡa* ;

Ghaṭ, s'agiter ; *ghuṭ*, résister ;

Caṭ, cuṭ, couper, séparer ;

Cap, cup, toucher ;

Jan, engendrer ; γόνος, γυνή ;

Jnâ, γνῶ, connaître ;

Jih dans *jihvâ*, langue, et *juh* dans *juhû*, même sens ;

Tan, dhvan, rendre un son ;

Takṡ, tvakš, fabriquer ;

Taṭ, tuṭ, menacer, se disputer ;

Taḍ, frapper ; *tuḍ*, faire du mal ;

Tap, tup, brûler, faire du mal ;

Tarš, avoir soif, lat. *torreo ;*

Tij, tuj, piquer ;

Tak, tuç, courir, couler ;

Dâ, δω, donner ;

Darç, δέδορκα, voir ;

Diç, lat. *doceo*, montrer, enseigner ;

Das, manquer ; *duš*, gâter, être défectueux ;

Dah, brûler, faire souffrir ; *duh,* faire souffrir ;

Dî, dû, du, briller, brûler ;

Nad, nud, mettre en mouvement pousser ;

Naṭ, nuṭ, frapper, faire du mal ;

Paṭ, puṭ, couper, fendre ;

Prath, pruth, s'étendre, croître ;

Bandh, bundh, attacher, lier ;

Bhaj, bhuj,, otbenir en partage, jouir de ;

Bhâs, briller ; *bhûš*, orner ;

Manh et *makš*, s'agiter ; *muh* et *mokš*, agiter, s'agiter, mettre en mouvement ;

par le *Dhâtupâṭha*, mais ce n'est pas une raison pour les considérer comme dépourvues d'authenticité.

Mad, mud, s'agiter, se réjouir;

Yas, bouillir; *yûś* dans *yûśa,* bouillon;

Rap dans *rapas,* blessure; *rup, lup,* blesser;

Rakś, lakś, voir, surveiller; *ruc, rukś;* zend *rukhś,* briller;

Radh, maîtriser, être maîtrisé; *rudh.* arrêter, tenir bon;

Sphaṭ, sphuṭ, fendre;

Spardh, spûrdh, lutter, rivaliser.

GREC

En ce qui concerne le grec, les rapport flexionnels, qui existent entre les formes dont les principales suivent et constituent des séries analogues aux précédentes (mais particulièrement comparables à celles que nous avons dressées pour les dérivés de racines à liquides), dépendent de la même cause :

ἀμέργω, ἀμοργός; — ἀμέλγω, ἱππ–ημολγός; — βρέμω, βρόμος; — — γέμω, γόμος; — γένος, γέγονα, γόνος; — δέμω, δόμος; — δέρκομαι, δέδορκε; — ἔλπομαι, ἔολπα; — ἕλκω, ὁλκός; — θέω, θοός; — κλέπτω, κλοπός, κέκλοπα; — λέγω, λόγος; — λέπω, λοπός; — μένω, μονή; — μένος, μέμονε; — μέλπω, μολπή; — μέμφομαι, μομφή; — νέμω, νομός; — πέμπω, πομπός; — πένθος, πέπονθας; — πλέω, πλόος; — πέκω, πόκος; — πένομαι, πόνος; — πέτομαι, ποτή; — ῥέζω, ἔοργα; — ῥέπω, ῥοπή; — σκέπτομαι, σκοπός; — στένω, στόνος; — σπένδω, σπονδή; — στρέφω, στροφή; — τρέφω, τροφός; — τρέχω, τροχός; — τέμνω, τομός; — τρέπω, τρόπος; — ἔτεκον, τόκος; — τρέμω, τρόμος; — φέβομαι, φόβος; — φθέγγομαι, φθογγή; — φέρβω, φορβή; — rac. φεν, φόνος; — φλέγω, φλογμός; — ψέγω, ψόγος.

ἀλείφω, ἀλοιφή — ἀείδω, ἀοιδός; — ἀμείβω, ἀμοιβή; — λείπω, λοιπός; — λείχω, λοιχός; — στείβω, στοιβή; — στείχω, στοῖχος; — τεῖχος, τοῖχος, etc.

LATIN

Les rapprochements suivants, dont la plupart des termes sont empruntés au latin, doivent s'ajouter à ceux qui précédent :

Bene, bonus; — *cano,* sk. *kvaṇ;* — *carpo, culpa;* — sk. *kṛp, corpus;* — *capio, cup* dans *oc ·cupo;* — *καρδία, cor, cordis;* —

δάμνημι, *domo;* — *crassus, grossus;* — *dens,* ὀδούς, cf. sk. *dant;* — *do, das* pour **dvo,* **dvas* (cf. les formes *duam, duim, duitor,* et éol. δίδοιμι, gr. δίδωμι pour *διδωεμι, *διδωκμι (redoublement δι pour δυι); — *canis,* κύων, sk. *çvan;* — *decet,* δοκέω; — *dico, doceo;* — *farcio, fulcio;* — *fio (*fvio),* φυίω; — rac. *feb·* dans *febris, februo,* auprès de φοιϐ dans φοῖϐος; — *fides, foedus,* πέποιθα; — *ficus,* σύκον pour *ψυκον; — *findo, fodio;* — *frîgo,* φρύγω; — *genu,* γόνυ, sk. *jânu;* — *gleba, globus;* — *hircus* pour **hvircus,* auprès de *vervex* pour **hverhvex;* — χαμαί, *humi;* — *imber,* ὀμϐρος; — κνίζω, κνύζα; — *laedo,* λοίδορος; — *liber, libet, loibet, loebet, lubet;* — *lîbo,* λοιϐή; — *linquo,* λοιπός; — λέγω, *loquor;* — *mens, moneo;* — sk. *mard, mordeo;* — ἀμέλγω, *mulgeo;* — sk. *makšika, musca;* — *nex, noceo;* — sk. *naktam,* νύξ, *nox;* — *nebula, nubilus;* — sk. *akšan, oculus;* — sk. *âçu, ocius,* ὠκύς; — sk. *apas, opus;* — sk. *âs, os;* — *pars, portio;* — *pendo, pondus;* — *pes,* πούς, sk. *pad;* — *pingo,* ποικίλος; — πέπτω, *coquo;* — *plico,* πλόκος; — sk. *pati, potis,* ποσίς; — *prex, procus;* — τέσσαρες, *quatuor;* — πέντε, *quinque;* — sk. *rabhas, robur;* — *rado, rodo,* cf. sk. *rad ;* — *sapio,* σοφός; — *scalpo, sculpo;* — *scribo,* γλύφω; — *sedeo, solium* pour **sodlium;* — *sequor, socius;* — *sêta,* ὀιστός; — *sex,* zend *khšvas* —; *siccus,* sk. *çuš;* — *sidus, sudus;* — *signum* pour **sicnum,* sk. *suc;* — σμήχω, σμώχω; — *spina* pour **spicna, pungo;* — *stîpo,* rac. *stup;* — sk. *siñc, succus;* — *-sipo, -supo;* — *tego, toga;* — *teneo,* τονός; — *tepo,* τῦφος; — *texo,* sk. *tvakš;* — *tibia, tuba,* sk. *stubh;* — *tinnio, tono;* — *verto, vorto;* — *vester, voster.*

DANS LES SUFFIXES DE DÉRIVATION

A. — Suffixe du participe parfait.

Abstraction faite de la nasale, le rapport du sanskrit *vidvâṃs* à *vidus* est le même que celui de *tvar* à *tur* et, mieux encore, de *dvâr* à *dur,* et doit s'expliquer pareillement; l'antécédent commun est **vidôâms,* d'où les intermédiaires **vidôams,* **vido's* entre cet antécédent et la forme faible *vidus.* Le grec εἰδώς ne saurait être pour *εἰδϜως, — l'hypothèse en vertu de laquelle on l'admet est tout à fait gratuite, — mais bien pour *εἰδϝας, *εἰδϝες, d'où εἰδώς. De l'intermédiaire perdu *εἰδϝες dérive la forme féminine εἰδυῖα, pour *εἰδοισ-α., cf. les formes éoliennes comme εὐεργετήκοισαν (Meister, *Die gr. Dialekte*, I, 189.)

Il est infiniment probable que le substantif εἶδος n'est autre que la forme neutre de ce même participe avec développement de la déclinaison sur la finale s. En partant de cette hypothèse, la flexion qui apparaît dans la déclinaison de ce mot et ses semblables s'explique de la manière la plus simple : εἶδος est pour *εἰδοες, *εἰδο'ς, et *εἰδεσι (d'où εἴδει) pour *εἰδϝεσ-ι, *εἰδϝεσ-ι (cf. εἰδυι(σ)-α).

Par là même s'explique le rapport des neutres correspondants sanskrit en *as–us*, comme *cakšas — cakšus, janas–janus*, d'antécédents *cakšoas, *janoas*, qui sont d'anciens neutres de participes parfaits (variante *as* auprès de *at*), ayant perdu le redoublement, comme *vidvâms*, ou des formations avec un suffixe identique.

La cause qui a différencié le processus, et qui paraît être l'élargissement de la forme dans εἰδυῖα, εἴδει, n'apparaît pas dans *cákšas*, *cákšus*, où l'accentuation est la même (il est vrai qu'elle diffère dans *jánas, janús*). Même remarque en ce qui concerne γένος auprès de *jánas*.

Inutile d'ajouter que la flexion dans le latin *genus*, *genes-is*, *(generis)* pour *genves-is*, s'est établie de même façon que pour εἶδος, *εἰδεσ-ι; *cakšas, cakšus*, etc.

La flexion des formes grecques comme ὕδωρ (pour *ὕδωτς, *ὕδως [1]) ὕδατ-ος s'expliquera semblablement par un primitif *ὕδωατς (d'où *ὕδω'ς et *ὕδωατ, *ὑδϝατ), participe de la rac. *ud*, couler.

Explication analogue pour γόνυ [2]–*γονυατ-, δόρυ–*δορυατ–.

L'ancien aspect de ces formes est du reste indiqué avec une parfaite évidence par l'analogue ἧπαρ pour *ἡκωαντς, *ἡκοας, *ἡκυας, *ἡκϝας, *ἡκπας, *ἧπας [3], auprès du latin *jecus-*jecven*,

---

[1] Pour le rhotacisme et la restitution des finales dans ces anciens participes, voir mon *Étude sur le rhotacisme proethnique*, dans le t. VI de la *Bibl. de la Faculté des lettres de Lyon*

[2] Sans doute pour *yonunt*, avec chute proethnique successive des finales *t* et *n*.

[3] Cf. pour l'assimilation de κϝ en κπ, ππ, ἵππος auprès du sk. *açvas* et du lat. *equus*. Quant à la simplification d'un groupe de consonnes assimilées apres une voyelle longue, on sait qu'elle est pour ainsi dire de règle dans tous les idiomes indoeuropeens; cf. d'ailleurs, λείπω pour *λεικυω (lat. *linquo*), *λεικϝω, *λεικπω, *λειππω. Le lat. *pauper* pour *paucver* (cf. *paucus*) et peut-être *nuper* pour

et du sk. *yakvan, d'où yakan; finale primitive commune, –koants[1].

Des témoins très précieux de ces transitions sont en sk. les doublets dhanuan-dhanvan, paruan, — parvan, de dhanus et parus. Si l'on compare dhanvan pour *dhanvant (cf. bharan, thème bharant), au neutre vidvat pour *vidvant, et dhanus au thème faible vidus, on ne se doutera pas qu'on ait affaire ici, sinon à d'anciens participes parfaits[2], du moins à des formes pourvues primitivement du même suffixe que ces participes.

Ces rapprochements nous amènent du reste à la solution du phénomène resté le plus obscur jusqu'ici de la phonétique sanskrite. Il s'agit du prétendu changement de la finale as en o devant les sonores. Les doublets janas-janus étant issus d'un antécédent commun *janoas (plus anciennement janoâs), l'application des règles du samdhi, combinées avec celles de l'affaiblissement vocalique, a successivement réduit *janoâs devant une sonore à *janoâ (cf. la finale âs réduite à â devant une sonore), *janoa, *jano (règle so'pi pour so api). Devant une sourde, au contraire, l'affaiblissement a frappé l'o d'autant mieux qu'il se trouvait placé devant un groupe de consonnes, et l'on a eu successivement *janoas, *janvas, janas.

Il est tout à fait admissible a priori que la finale as des masculins comme bhara-s est identique par son origine comme par sa forme à celle des neutres comme janas; les alternances as–o dans le sanskrit même, ou as–os entre le sanskrit et les formes gréco-latines correspondantes, s'expliqueront donc de la même manière dans les deux cas.

---

*nunc-ver cf. nunc, résultent de modifications phonétiques semblables. Cf. encore pour une assimilation, non pas identique, mais analogue, lat. über pour *ūlver, *ūdber (cf. bis pour *dvis, bellum pour *dvellum, etc.) auprès du sk. ūdhar (ūdhas, ūdhan) pour *ūdhvar, et du gr. οὖθαρ pour *οὖθυαρ, *οὖθϝαρ.

[1] A *ἡκυαρ, cf. *κεφαρ, d'où κεφαλ-ή pour *κεφυαρ, *κεφυκτ; comme le prouve le lat. caput-capit-, pour *capoat (capo't, cap(v)et, capit-); cf. aussi l'antécéd. commun nab'ois (ou naphoas) du sk. nabhas-nabho, du gr. νεφέλ-η (de *νεφυαρ, *νεφϝερ, *νεφερ), du lat. nebul-a, nubil-us (de *neboer, *nebo'r). Rapprocher encore de ces métamorphoses phonétiques celles qu'ont subies les formes latines facul, facilis, simul, similis, antécédents communs *facver, *facoer, *facoens, *simver, *simoer, *simoens, cf. gr. ὁμαλός (de *ὁμαρ, *ὁμας, *ὁμοανς).

[2] Non moins précieuses sont les formes jāgṛvis et dā́thṛvis, qui ont gardé tous les éléments primitifs des participes parfaits.

B. — Suffixe du participe présent.

Ce suffixe n'est qu'une variante de celui des participes parfaits. Le rapport du sk. *bharan*, du gr. φέρων et du latin *ferens* trouvera donc son explication dans un primitif commun *bharoan* (ou plutôt *pharoan*), d'où les intermédiaires *bharvan*, *fervens*. Les formes éoliennes comme ὄρθοις, χρίσοις (nomin. masc. sing.) ἐθέλοισα, δῖσα, ἔχοισα (fém. sing.), etc., nous ont conservé les intermédiaires grecs correspondants.

Les dérivés latins comme *legend-us*, *legond-us*, le premier pour *legvendus*, ont gardé l'alternance vocalique des primitifs.

C. Suffixe de l'optatif.

Les formes sk. *bhareyam*, φέροιμι, lat. *feram*; sk. *bhares*, φέροις, lat. *feras*; sk. *bharet*, φέροι, supposent un antécédent thématique commun, *bharoa-*, *bharoe-* (ou *pharoe*), confirmé par les formes zendes (deuxième et troisième personnes du singulier), *oiš* et *oid* (Spiegel, *Gram. der alteran. Sprachen*, p. 364 et 368), et pour le processus qui a réduit successivement, *óà* à *oe*, *ue*, *(v)e*, par les formes latines *duêm*, *duîs*, *dem*, *des*, venant de *dojêm*, *dvjêm*, *dvêm*; *dojês* *dvjês*, *dvês* (cf. gr. διδοίην, διδοίης; sk. *dadyàm*, *dadyâs* pour *dadvyâm*, *dadvyâs*).

D. — Autres suffixes dans lesquels on constate l'alternance des deux séries vocaliques.

1° Suffixe gr. ων-ην; lat. *ón-en*, souvent avec alternance en latin dans la déclinaison d'un même mot; exemples : *ord-o(n)*, *ord-in-is* pour *ordoen*, *ordo'n*, *ord-(v)en-is; car-o(n)*, *car-'n-is* pour *car-(v)en-is*, etc. Le sanskrit a conservé des traces de la série dans *madvan* (*madoàn*), *madin* pour *madoen*, *madvin*, etc.

2° sk. *mân*, masc., *man*, n.; gr. μων-μην, μα(τ) neutre ; lat. *mó(n)-men*. Antécédent commun *móân*. Alternance en latin dans la déclinaison d'un même mot : *homo(n)*, *hom-in-is* pour *hom(v)en-is*.

3° Suffixe des noms de parenté et d'agents : sk. *târ-tur ;* gr. ττηρ-τωρ, της-τυς ; lat. *ter-tor ;* antécédent commun *tôâr.* L'alternance apparaît en grec dans un même mot, en conséquence de son emploi isolé ou comme terme final d'un composé : πατήρ, εὐπάτωρ ;

4° Suffixe des abstraits : sk. *tâ,* fém., *tva-m,* neutre ; antécédent commun *tôâm.* Sk. *tat-* ; gr. τη(τ)ς ; lat. *tâ(t)s, tû(t)s,* antécédent commun *tôât.*

5° Suffixes se rattachant à celui du participe présent : — sk. *uan, van, us,* dans *dhanvan, dhanus ; parvan, parus.* — Gr. ωρ, (ως) ατ : ὕδωρ, ὕδ(υ)ατ-ος, cf. sk. *udan* pour **udvan.* — Sk. *itvan ;* lat. *iter, (itin-er is)* pour **itver, *itves, *itvens.* — Lat. *femus, femen ;* antécédent commun **femoens.* — Lat. *jecus, jecin-or-is ;* grec ἧπαρ pour **ἧκυαρ, *ἧκυας ;* sk. *yakan,* antécédent commun *yakoants.* Le sk. *yakṛt (yakar-at)* est élargi sur **yakvar* pour **yakva(n)s* (cf. *itin-er* auprès de *iter*). — Lat. *ûber* pour **ûdver ;* gr. οὖθαρ pour **οὖθυας ;* sk. *ûdhan, ûdhas, ûdhar* pour **ûdhvans,* primitif commun, *ûdhôânts* (ou *ûthôânts*). — Lat. *caput, capit-is ;* gr. **κερας,* d'où **κεφαρ, κεφαλ-ή,* d'un antécédent **caphoats.* — Gr. γόνυ, γουατ ; lat. *genu ;* sk. *jânu,* d'un antécédent commun à finale *ant, oant.*

6° Suffixes du superlatif : sk, *tama-s ;* lat. *tumus, timus* pour **tvimus,* d'un antécédent commun à syllabe initiale *toa.*

7° Suffixes *-is, -us, -tis, -tus* des noms d'action, tels que sk. *gatis, gantus, gâtus ;* gr. et lat. πλέξις, *plexus ;* σκέψις, *lapsus,* etc., d'une finale commune *ois, uis, (v)is.*

Principales preuves : parallélisme parfait de la déclinaison des thèmes en *i* et en *u,* en sanskrit et en grec ; — doublets sanskrits comme *gatis-gantus-gâtus ;* — doublets gréco-sanskrits comme μάντις-*mántus ;* — doublets gréco-latins comme πλέξις-*plexus,* avec cette circonstance importante d'un traitement identique dans les deux langues du groupe de consonnes qui précède les finales ις-*us* (cf. un traitement analogue du groupe labial dans σκέψις-*lapsus*) ; — parallélisme en latin des formes comme *actus, acti o(n)* (ce dernier élargi sur un thème **actvi-*) ; — formations sanskrites analogues telles que *gâtuy-ati* auprès de *gâtus* et de *gatis ;* — parallélisme du lat, *sua(d)vis* avec le sk. *svâdus* et le gr. ἡδύς, dont les dérivés *svâdi-man, svâdî-yas, svâdi-sthas,* ἡδι-στος, etc., prouvent la primitivité du *i* de la forme latine [1]; — datifs, ablatifs, pluriels latins des mots en *us* de la quatrième déclinaison en *ubus* et *ibus* (pour *uibus*), etc.

8° Finales sk. *–as, o,* gr. *–ος,* lat. *–os, –us,* des substantifs et adjectifs masculins de la seconde déclinaison gréco-latine; d'un antécéd. commun *-ôâs* (voir ci-dessus, p. 24).

9° Adverbes à sens d'ablatif. — Sk. *-tas* et *-to;* gr. *-θεν;* lat. *-tus* et probablement *-ter (tens).* Antécédent commun, *-thoans.*

10° Suffixe du comparatif. — Sk. *-yâms,* neutre *-yas* et *-yo;* grec *-ιων, -ιον;* lat, *-ior, -ius.* Antécédent commun, *-yoans, -yvans.*

En latin, les formes *mage, magis,* sont en effet pour **magjve* [2], **magjvis;* cf. *major* (pour **magjor, *magior)* pour la consonnantification du *i.* Le dérivé *magestas* est surtout probant; il suppose nécessairement un primitif **majoes* d'où **majves;* cf. *honestas* auprès de *honor* et *tempestas* auprès de *tempus.*

DANS LES DÉSINENCES CASUELLES

A. — Dans la déclinaison des thèmes dits à voyelles.

FORMES DU SINGULIER

1° Nominatif masculin singulier. — Sk. *as, o;* gr.-lat. *ος-us,* (voir ci-dessus, p. 24).

2° Vocatif singulier. — Sk. *vṛka* pour **vṛkva;* λύκε pour **λυκϜε;* lat. *lupe* pour **lupve,* d'une finale primitive commune *oa, oe.*

3° Génitif. — Sk. *vṛkasya* pour **vṛkvasya;* gr. λύκοιο pour

---

[1] Indiquons encore, entre plusieurs dérivés qui concourent à la même preuve, la prétendue particule augmentative βρι pour **β'ρϜι, *βαρυι-,* ancien thème de βαρύς, indiqué aussi par les derivés gothiques *kauri-tha, kaurj-an,* auprès de *kaurs* pour **kauris, *kaurvis.* — Même rapport du reste entre *sua(d)vis-svâdus-*ἡδύς qu'entre les doublets sansk. *ghṛšvis* et *ghṛšus;* cf. aussi le parallélisme du lat. *anguis* avec le sk. *ahis* pour **ahvis* et le gr. ἔχις pour **ἐχϜις.* Enfin si, comme le fait ne paraît pas douteux, le lat. *âcer* pour **dcves* est le correspondant du sk. *âçus* (gr. ὠκύς), si *tener* pour **tenves* est un doublet de *tenuis,* etc., on a là de nouveaux indices d'une réduction semblable dans *âçus-*ὠκύς, *tanus-*ταυυ-, etc., à celle qu'a subie *ghṛšus* eu égard à *ghṛšvis.*

[2] Pour **magjoes;* en ce qui regarde la chute du *s* final en pareil cas, cf. *ille, iste, ipse, tepe,* et les neutres *tenue, pingue* auprès des nomin. *tenuis, pinguis,* etc.

*λυκοιϳο (?); lat. *lupî* pour **lupvî(s)*; cf. les génitifs ombriens correspondants en *es*, *puples* pour **puplves*.

4° Datif. — Sk. *vṛkayâ* pour **vṛkvayâ*; gr. λυκῳ pour *λυκωι; lat. *lupô* pour **lupôi*, **lupôe*.

5° Ablatif. — Sk. *vṛkât* pour **vṛkvât;* lat. *lupô* pour **lupôed*, **lupô'd*, et *facilumêd* pour **facilumoêd*, **facilumvêd*.

6° Locatif. — Sk. *vṛke* pour **vṛkve*; gr. *λυκοι, cf. οἴκοι; lat. *lupi* pour **lupvi*; cf. *domi* pour **domvi*.

FORMES DU PLURIEL

7° Nominatif. — Sk. *te (ye, ke)* pour *tve*; zend *toi, yoi, koi*; gr. τοί, λύκοι; lat. *lupi* pour **lupvi*, **lupoi*, **lupoe*; cf. *poploe*. Aux formes latines comme *magistrês* pour **magistrvês*, cf. sk. *vṛkâs* pour **vṛkvâs*.

8° Accusatif. — Sk. *vṛkân* pour **vṛkvâns*; gr. λύκους, dor. λύκως, lesb. λύκοις pour *λυκωενς; lat. *lupôs* pour **lupôens*.

9° Génitif. — *vṛkânâm* pour **vṛkvâns–oâm*[1]; gr. λύκων pour λυκοενσ–οεν; lat. *lupôrum* pour **lupôens–oem*, **lupô(n)s–o'm*.

10° Datif-ablatif. — Instr. sk. *vṛkais* pour **vṛkvais*; gr. λύκοις; lat. *lupîs* pour **lupvîs*, **lupoîs;* cf. *suois* (Schleicher, *Comp*[4]. 569.)

Sont particulièrement probants les rapports gréco–latins des locatifs sing. comme οἴκοι, *domi;* des nomin. plur. comme λύκοι, *lupi*[2] et des datifs-ablatifs du plur. comme λύκοις, *lupis*.

Les formes du duel se sont trop différenciées entre le sanskrit et le grec pour que la restitution comparative présente quelque certitude. Nous remarquerons cependant que les traces du thème en *oe* se retrouvent dans les génitifs–datifs grecs comme λυκοίιν.

B. — Dans la déclinaison des thèmes à consonnes.

1° Génitif singulier. — Sk. *as, o;* gr. ος; lat. *is*, d'un primitif commun *oas, (v)as, oes, o's; (v)es, (v)is*.

---

[1] L'analogie de la désinence des thèmes à consonnes indique que la finale *oâm* a été ajoutée à un ancien thème à finale identique.

[2] *Lupus* : λύκος = *lup(v)i* : λύκοι, etc.

2° Nominatif-accusatif pluriel. — Sk. *as, o*; gr. ες, ας; lat. *és*; antécédent commun *aos*.

3° Génitif plur. — Sk; *âm*; gr. ων; lat. *um*; antécédent commun *âôm*.

4° Datif-ablatif — Sk. (instrum.) *bhis* pour **bhvins*; gr. φιν pour **φϜινς*; lat. *bus* pour **boens, bo's*; cf. *bîs* (dans *nobîs*, etc.) pour **bvîs*.

C. — Dans la déclinaison pronominale.

PRONOMS DÉMONSTRATIFS ET RELATIFS

1° Singulier neutre. — sk. *tat*; gr. το(τ); lat. *i-stud*; antécédent commun **toat, *tvat*.

2° Nominatif singulier masculin, en latin. — *Hic* pour **hoic, *hvic*; cf. *hoc* pour **hoec, *hoic, *ho'c*; *ille, iste, ipse* pour **illoe(s), *istoe(s), *ipsoe(s)*; cf. nom, arch. *ques* pour **quoes*, d'où *qui*.

3° Génitif *huius*, etc., pour **hoi-os, *illoi-os, *istoi-os, *ipsoi-os*; *illi, isti*, etc., pour **illoi, *istoi*, etc.

4° Datif. — *illi, isti, ipsi* pour **illvi, *istvi, *ipsvi*; cf. *hui-c*.

5° Nominatif masculin pluriel. — *hi, illi, isti, ipsi* pour **hvi, *illvi, *istvi, *ipsvi*, cf. ci-dessus, p. 28.

6° Datif ablatif pluriel. — *his, illis, istis, ipsis* pour **hvis*, etc.; cf. *oloes = illis*.

Lat. *qui, quis*, correspondant au sk. *kas* pour **kvas* (cf. particulièrement *kis* et *kim* pour **kvis* et **kvim*, et *cid* pour **cvid*; cf. lat. *quid*), et au gr. τίς pour **τϜις*.

(Particulièrement intéressant en ce qu'il montre par les formes du nom. sing. *qui*, gén. *cui-us*, dat. *cui*, acc. *quem*, abl. *quî*; nom. pl. *ques, qui*, gén. *qui-um*, dat.-abl. *qui-bus, quîs*, la transition de la seconde déclinaison à la troisième par la conservation de la voyelle *a* affaiblie en *i* du groupe vocalique primitif *ôâ*; cf. ci-dessus le rapport primitif des suffixes *us-is*. Il y a dans ce fait un nouvel indice que le sk. *agnis* et le lat. *ignis* sont pour **agnvis, *ignvis*. De même, le gr. πόλις est sans doute pour πολϜις, d'où πόλη-ος, πόλη -ας, etc., pour **πολϜη-ος, *πολϜη-ας*, etc.)

PRONOMS PERSONNELS

1° Nominatif singulier. — Sk. *aham* pour *ahoam*, *ahvam*, d'où gr. ἐγών (lat. *ego*) pour *ἐγωεν*, *ἐγω'ν*; — deuxième pers., acc. sing., sk. *tvâm*, d'où gr. σέ; lat. *te* pour *σϜε*, *tve*.

2° Datif. — Lat. *tibi* pour *tvibi*; cf. sk. *tubhyam*.

3° Ablatif. — Lat. *te* pour *tve*; cf. sk. *tvat*.

4° Datif. — Sk., prem. et deux. pers., *me*, *te* pour *moe*, *toe*, *mve*, *tve*; cf. gr. μοί, σοί; zend *moi*, *toi*.

5° Troisième personne. — ἕ pour σϜε; lat. *se* pour *sve*; *sibi* pour *svibi*; sk. *nas* et *no*, *vas* et *vo*; lat. *nós*, *vós*; — antécédents communs *noas*, *voas*.

DANS LES DÉSINENCES PERSONNELLES DES VERBES

A. — Désinences primaires de l'actif.

1° Première personne du singulier. — Sk. *âmi*, *omi*; gr. ωμι, ημι, υμι, ω; lat. *o*. Δίδωμι, avec la variante éolienne δίδοιμι, et le lat. *do, das* pour *doe, do'*, *dvas*, prouvent que le sk. *dadâmi* est pour *dadvâmi*, *dadôâmi*. Il en est de même de toutes les finales en *âmi*. Les formes comme *tavîmi*, *bravîmi*, *svapimi*, etc., (cf. zend *ašnaoiti*, etc.), contribuent aussi à en fournir la preuve. Remarquer d'ailleurs qu'il ne s'agit ici que de la voyelle dite thématique; cette voyelle qui est *e* à la première personne singulier du moyen est parfois représentée en zend par *oi (daresoi)*.

2° Première personne du pluriel. — Sk. *mas* et *mo*; gr. μεν, dor. μες; lat. *mus*. Antécédent commun, *moans*, *mvans*.

3° Troisième personne du pluriel. — Sk. *anti*; gr. ουσι, οντι, lesb. οισι; lat. *ont*, *unt*, antécédent commun *oanti*, *vanti*. Ici encore c'est la voyelle thématique qui est en jeu.

4° Deuxième personne du duel. — Sk. *thas* et *tho*; gr. τον. Antécédent commun, *thoans*, *thvans* (cf. dés. second. *tam*).

5° Troisième personne du duel. — Sk. *tas* et *to*; gr. τον. Antécédent commun, *toans*, *tvans* (cf. dés. second. *tâm*).

B. — Désinences secondaires de l'actif.

1° Deuxième personne du duel. — Sk. *tam;* gr. τον. Antécédent

commun, *toam, tvam* (cf. troisième pers. *tâm* pour **tvâm;*
gr. την pour **τϝην*).

C. — Désinences primaires du moyen.

1° Première personne du singulier (voyelle thématique). — Sk.
e; zend *oi, e.* Antécédent commun, *oe, ve.*

2° Deuxième personne du pluriel. — Sk. *dhve;* zend *duye;* gr.
σθε. Antécédent commun *sthoe, sthve.*

3° Troisième personne du pluriel. — Sk. *ante;* gr. οντο. Anté-
édent commun, *oantoe, vantve.*

4° Deuxième et troisième personnes du duel. — Sk. *the, te;* gr.
σθων, σθον. Antécédent commun, *sthoem, sthvem.*

D. — Désinences secondaires du moyen.

Gr. σο, auprès de la désinence primaire σαι; cf. sk. dés. de
l'actif *si.* Antécédent commun, *soâ, *soae, *svae;* cf. deuxième
pers. du sing. moyen de l'impératif en sk., *sva.*

2° Troisième personne du singulier. — Sk. *ta;* gr. το; désinence
primaire correspondante, ται. Antécédent commun, *toâ, toae,*
tvae.

3° Deuxième personne du pluriel. — Sk. *dhvam;* gr. σθε. Antécédent commun *sthoam, sthvam.*

4° Deuxième et troisième personnes du duel. — Sk. *thâm, tâm;*
gr. σθον, σθην. Antécédent commun, *sthoâm, sthvâm.*

DANS LA DÉRIVATION

Les verbes gr. comme φιλέω, οἰκέω, ne sauraient dériver de
φίλος, οἶκος, qui n'auraient pu donner que **φιλοω, *οικοω,* comme
δῆλος a donné δηλόω. En réalité, les thèmes formateurs ont été
φιλοε-, οἰκοε-, d'où **φιλϝεω, *οἰκϝεω.*

Formation analogue pour les verbes latins comme *caleo, tepeo,*
de *cale, tepe,* dans *calefacio, tepefacio,* pour **caloe, *tepoe* [cf.
ille, ipse pour **illoe(s), *ipsoe(s)*], d'où **calveo, *tepveo;* d'où aussi
les parfaits *calui, tepui* et les adjectifs verbaux *cali-dus, tepi-*
dus pour **calvi-dus, *tepvi-dus.*

Lés verbes en *io* comme *rapio*, parf. *rapui*, ont très probablement la même origine. Le primitif, dans l'exemple qui précède, doit être un adjectif perdu *rapvis*, anciennement *rapoes*, *rapves*, d'où *rapvio*, *rapio*.

Suffixe sk. *eya-s*, *ya-s*; gr. ηιος, ειος, εος, ιος; lat. *eus*, *ius*.

Sk. *maghadâ* pour *maghadôâ, celui qui donne, d'où *maghadey-as* pour *maghadvey-as*, ce qui concerne le donneur, le don; — *padas-pado* (*padoas), pied, pas; d'où *pady-as*, *padi-as* pour *padvi as*, ce qui concerne le pas ou le pied; — *açvas*, d'où *açvy-as*, *açvi-as*, relatif aux chevaux[1]; gr. χρύσει–ος et χρύσε–ος, d'un thème *χρυσοη–, *χρυσϜη–.

Lat. *aure-us*, de *auroe–, *aurve–, et suffixe *os*.

Bellicus, d'un thème *bellvi*, comme dans *imbellis* et *belli-ger* (voir ci-dessous, p. 33), *veri -tas*, d'un thème *vervi*. Même explication pour les dérivations grecques comme ἱππι–κός auprès de ἵππος, et probablement aussi pour les dérivations sanskrites en *ika* et *îka* comme *usrika*, *dṛçîka*, etc.[2]

DANS LA COMPOSITION

Un thème *γενοες devient *γενϜες, γενες quand il reçoit les suffixes casuels. Il est tout naturel que le même phénomène se produise quand *γενοες entre dans un composé : la même cause — l'allongement de la forme — produit le même effet, à savoir l'affaiblissement du premier terme du groupe vocalique de la syllabe finale. Ainsi s'explique εὐγενές (neutre) et tous les composés analogues[3]. Il est vrai que le contraire a lieu dans εὐπάτωρ (*πατωερ), εὐήνωρ

---

[1] J'entends que des adjectifs comme *pady-as*, *açvy-as*, etc. ont été formés par l'adjonction de la finale *as* au thème des substantifs *padoas*, *açvoas*, réduits successivement à *padvi-*, *açvvi* (intermédiaires *padve*, *açvve*).

[2] D'une manière plus générale, le *i* dit de liaison des formations sanskrites doit avoir la même origine.

[3] De même, en latin, *tempestas*, *honestas*, *majestas*, etc. supposent des primitifs *tempoes*, *honoes*, *majoes*, etc.

Comparer au changement de *γενοες, etc., en composition, en *γενϜες, γενες, celui que subissent en latin les adjectifs verbaux qui ne s'emploient que comme termes finaux de composés, tels que *-gena* pour *-genoa(s)*, *-genva(s)* dans *indi-gena*, (*ανωερ), εὔφρων (*φρωεν) : la différence du processus tient probablement à la différence de l'accentuation.

En latin, non seulement un composé comme *degener* est l'analogue de εὐγενές; mais on ne saurait expliquer autrement que par d'anciennes formes en *oes, oem* des masc. en *us* et des neutres en *um* de la seconde déclinaison les composés comme *per-ennis (annoes, annois, annvis;* cf. dat. plur. *annis* pour *annois,* *annvis), im-bellis,* et tous ceux dans lesquels le terme final semble avoir passé de la deuxième déclinaison à la troisième.

Pareille hypothèse rend compte de la finale *i* qui termine ces mêmes formes dans les composés où ils entrent à titre de premiers termes : *belli-ger (belloe, belloi, bellvi)* cf. *manifestus, manipulus,* etc., pour *manvifestus,* etc.[1]. Le grec, de son côté, a traité de même d'anciens participes passés qu'on ne retrouve plus que comme premiers termes de composés; tels sont ἀκερσε (*ἀκερσοε) dans ἀκερσε-κόμης, celui dont les cheveux n'ont pas été coupés (cf. les formations latines sur le type de *celsus, culsus,* etc.); κλεψι (*κλεψοε, *κλεψοι, *κλεψϜι) dans κλεψί-νοος, celui dont la pensée est cachée (cf. les formations latines comme *lapsus).* On a conservé quelques témoins des transitions par lesquelles ces finales ont passé dans ὀλοίτροχος, ὁδοιπόρος, ὁδοιπλανής, etc.

-cola pour *-coloa(s),* *-colva(s)* dans *agri-cola,* *-vena* pour *-venoa(s),* *-venva(s)* dans *ad-vena,* etc.

Ces formes, quoique masculines, ayant l'apparence de féminins, ont donné naissance à des doublets masculins d'après l'analogie des adjectis en *us, a, um;* c'est ainsi : sans doute, que *-genua* a donné *-genu-us* dans *in-genuus.* Origine analogue pour *-petuus, -spicvus, -siduus,* etc. (formés sur *-petua, *-spicua, *-sidua,* etc.), dans *per-petuus, con-spicuus, as-siduus,* etc.

[1] On a de même en grec καλλι- dans καλλίπαις, etc.

§ II

1° — Nous venons d'étudier les états vocaliques qui s'expliquent tous, ainsi que leurs différentes phases, par un groupe primitif *óâ*.

Il en est d'autres, dont nous allons nous occuper, qui supposent à l'origine une position inverse des mêmes éléments, c'est-à-dire un groupe *âó*; naturellement, les modifications auxquelles peuvent être soumises chacune de ses parties sont les mêmes que celles dont nous avons donné le tableau ci-dessus, page 9.

Beaucoup moins nombreux d'ailleurs sont les substituts ou les dérivés du groupe *âó* que ceux du groupe *óâ*. Pour la partie radicale des formes, nous ne le retrouvons guère en grec, par exemple, que dans le vocalisme εϋ des états forts, comme φεύγω, dans son rapport avec le ϋ des états faibles, comme ἔφυγον.

La série suivante nous présente les correspondants de l'état fort εϋ dans les principaux idiomes indo-européens.

Gr. λεύσσω, λευκός;
Sk. *rocas*;
Zend *raocas*[1];
Lat. *lûx, lûceo*;
Goth. *liuht*; anglo-saxon *lioxan*;
Lith. *laukas*; paléo-slave *lucu, luci*.

En partant du principe de l'affaiblissement, la comparaison de ces formes, si l'on tient compte surtout des dialectes germaniques, ne

---

[1] On sait que la dipthongue *ao* du zend a *au* et *eu* pour substituts fréquents. V. Spiegel, *op. cit.*, § 19, *e*, et 23, *a* et *c*,

laisse aucun doute sur la valeur *âi* (ou tout au moins *ei*) de leur vocalisme radical primitif. Mais comment expliquer, non seulement le υ des formes faibles comme ἔφυγον, mais le *i* et le *û* des formes fortes comme le sk. *rocas* et le lat. *lûceo ?*

Établissons d'abord que *i* consonnantifié en *j* peut disparaître après une consonne dans tous les idiomes indo-européens, de la même façon que *u* consonnantifié en *v* disparaît dans des conditions semblables.

Ces exemples sont, pour le sanskrit :

Les doublets radicaux *çcut, cyut, çcyut ;*
Les thèmes démonstratifs *ta* et *tya, sa* et *sya* ;
Les dérivés *sû-tra, sû-na*, de la rac. *syû*, d'où *syûta*, etc.
Le participe passé *mû-ta* (pour **myû-ta*), de la rac. *mîv ;*
La rac. *çâ* auprès des dérivés *çya-ti, çyâ-na ;*
La rac. *sâ* auprès des dérivés comme *sya-ti*, etc.

Pour le grec :

Les futurs en σο (σω) pour σjο; cf. sk. *syâmi* [1].
ὑμήν pour *σjυμην; cf. sk. *syûman ;*
ʹχθές pour *χθjες; cf. sk, *hyas ;*
καρζά pour *καρζjα, comme le prouve la glose d'Hésychius, καρζία. καρδία, Πάφιοι [2].
κασσύω pour *κατ–σjυω; cf. rac. sk. *sîv ;*
πτύω pour *πτjυω; cf. rac. sk. *šṭhîv ;*
Génitifs ἐμοῦ pour *ἐυjοῦ, *ἐμjω; cf. les formes dialectales ἐμέω, ἐμεῦς et surtout ἐμίω;
σοῦ pour *σjου, *σjω; cf. les formes dialectales τεῦ, τέο, τίω, τεῦς, τέος, τίως.

---

1 Cf. les futurs doriens en σεο, σευ, σιο. Les futurs ordinaires en σο sont à ceux-ci dans un rapport aussi voisin que possible de celui de ἔφυγον à φεύγω. Un indice que les futurs doriens sont les antécédents des futurs ordinaires résulte de la ressemblance du rapport de σο à σευ, σευ, σιο avec celui de ἐμοῦ, antérieurement *ἐμω pour *ἐμjω, avec les formes doriennes et homériques ἐμεῦ, ἐμίω, etc. L'ancienne forme des futurs sanskrits etait *sea-mi*, rien n'empêche de l'admettre; de même que rien ne prouve que la forme *syâ-mi (siâmi)* remonte à l'époque de communauté.

2 Citée et discutée par R. Meyer, *Die gr. Dialekte*, II, 216.

Pour le latin :

heri pour *hjeri* ; cf. sk. *hyas* ;

suo pour *sjuo* ; cf. sk. *sîv* ;

spuo pour *spjuo* ; cf. sk. *şthîv* ;

minus pour *minjus* ; *duus* pour *djuus* dans *biduus*, etc.

Pour les dialectes germaniques : disparition du *j* des verbes en *jan*, à la suite d'une consonne.

Partant de ces données, ainsi que de la possibilité de l'affaiblissement de ε en ι et de la consonnantification de *i* en *j* devant une autre voyelle, nous pouvons admettre, *a priori*, que ἔφυγον est pour *ἐφjυγον venant de *ἐφευγον, *ἐφιυγον.

Cette hypothèse nous semble d'ailleurs d'autant plus légitime qu'elle nous permet d'établir les parallélismes suivants :

*ἐφjυγον : φένγω = *ἐλϜιπον : rac. λοιπ, et *ἐφjυγον : ἔφυγον = *ἐλϜιπον : ἔλιπον.

· Il nous reste à voir si l'examen des faits particuliers peut justifier ces indications générales.

A πτύω pour *πτjυω, lat. *spuo* pour *spujo*, correspond, non seulement le sk. *şthîv*, mais aussi le vieux haut-all. *spîwan*.

De même, à κασσύω pour *κατ–σjυω, lat. *suo* pour *sjuo*, correspond, non seulement le sk. *sîv*, mais aussi le goth. *siuja*.

Il en résulte :

1° Que si, comme tous les étymologistes sont d'accord pour le croire, le goth. *biuga* correspond pour la partie radicale au lat. *fugio, fuga*, la racine lat. *fug* est pour *fjug* ;

2° Que, de même, φυγή, φύζα, φύξις, ἔφυγον, contiennent une racine φjυγ où le *j* représente un *ι* qui correspond au ε de φεύγω ;

3° Que la racine sanskrite correspondante *bhog-bhug* est pour *bhyog-*bhyug (antérieurement *bhaog-bhaug, bheog-bheug*).

Les mêmes conséquences résultent encore avec plus de force de la comparaison déjà établie entre les formes germaniques *liuht, lioxan* et la rac. gr. λευκ, lat. *lûc* pour *ljûc*, sk. *roc-ruc* pour *rjoc-*rjuc (antérieurement *raoc-rauc, reoc-reuc* ; cf. zend *raocas* ou *raucas*).

La preuve certaine que le *i* germanique correspond en pareil cas au ε est fournie d'ailleurs par le rapport du goth. *niujis* avec νέϜος; tandis que le sk. *navas* nous offre un *a* en regard de *i* du premier et de *e* du second; quant au lat. *novus*, il ne saurait être que pour *njó-us*, d'où, avec l'ouverture comme en grec de l'*ó* primitif en *ou*, la forme actuelle [1].

D'autre part, le rapprochement que j'emprunte à Curtius *(Grundz*[5]*.*, 279), du sk. *plavate* (rac. *plu.*) avec le gr. πλέω pour *πλεϜω, le lat. *pluit* pour *pljuit et l'anc. haut-all. *flewiu* et *fliuzu*, contribue à montrer qu'en sanscrit, l'ancien groupe *ao* suivi d'une voyelle s'affaiblit en *au*, d'où *av*, au lieu de donner, comme devant une consonne *eo, d'où *io, jo* et *ju;* exemples : *plo-śyati* pour *plyo-śyati*, *plutas* pour *plyutas (cf. *syûtas)*. Ajoutons qu'il convient de joindre à la même famille φλέω pour *φλεϜω, φλύω pour *φλjνω; lat. *fluo* pour *fljuo. L'ancien *o* s'est conservé dans le lat. *ploro* pour *pljoso (cf. *fliuzu*, lat. *fluxi)*.

Autres rapprochements qui viennent à l'appui de tout ce qui précède :

Sk. *jušate, jośas* pour *jyušate, *jyośas (restitutions que le zend *zevis* rend certaines),

Gr. γεύω pour *γευσω: lat. *gus-tus* pour *gjus-tus;* goth. *kiusa*.

Sk. *juhoti, hutas* pour *juhyoti, *hyutas; χέω pour *χεϜω, χοή pour *χjοη, χυτός pour *χjυτος; goth. *giuta*. A la même famille se rattachent le lat. *gutta* pour *gjutta, et les racines sanskrites *cyu, cyut, cyot, çcut, çcot* et *çcyut*.

Sk. *srava-ti, srutas* pour *sryutas[2]; gr. ῥέω pour *ϲρεϜω, ῥυτός pour *ϲjυτος; lat. *ruo* pour *rjuo (cf. *suo* pour *sjuo, spuo*, pour *spjuo, etc.

2°. — Il importe d'indiquer pour ce qui va suivre que, dans les différents idiomes indo-européens, un double processus a lieu quand un groupe est composé d'une consonne (surtout *s)* suivie de *u* ou *i* consonnantifiés en *v, j* : ou bien la consonne initiale tombe et il ne reste des éléments du groupe que la semi-voyelle; ou bien, c'est la

---

[1] Cf. la forme latine *sovos*.

[2] Pour *srotas*, il est permis de supposer que *o* est le résultat de la combinaison des éléments de la diphtongue *au (*srautas)*. Ce processus paraît sûr en latin dans *ex-clŭdo*, etc., venant de *ex-clŏdo*, issu lui-même de *ex-claudo, *ex-claŏdo*.

semi-voyelle qui disparaît en laissant subsister seule la consonne initiale du groupe.

Exemples avec *v* : —Sk. rac. *vah* et *sah*, d'un antécédent commun *svah*[1]; gr. ἔχω pour *σϜεχω, *σεχω; lat. *veho* pour *sveho*.

Rac. *svar*, d'où, en sk., *varuṇa*, *varṇa*; en gr. σελήνη pour *σϜελην; en lat. *serênus* pour *sverênus*, etc.;

Gr. σαίρω pour *σϜαιρω, auprès du latin *verro* pour *sverro*, cf. σύρω, etc.:

Les faits suivants montrent que les choses se passent de même avec *j*. Pour le grec, nous avons déjà cité, en ce qui concerne la chute de ce son, les futurs en σο pour σjo, la forme ὑμην pour *σjυμην, à laquelle il convient de joindre ὑσμίνη pour *σjυσμινη, sk. *yudh*; ὅς *(suus)*, auprès de ἑός pour *σεος, a certainement subi des transformations semblables : *σjος, *σος, ὅς.

ἕως s'est réduit à ὡς de la même manière et suppose un antécédent *σεως, *σjως. Or, comme ἕως et ὡς sont inséparables du relatif ὅς, ce fait joint à l'analogie du possessif ἑός, ὅς, nous montre que le relatif lui-même est pour *σεος, *σjος. Cette déduction devient absolument sûre en présence du doublet zend *hyat = syat*, de la forme neutre du relatif sk. *yat*; d'où la certitude que *yas*, *yâ*, *yat* sont pour *syas, *syâ, *syat (cf. du reste le démonstratif sk. *sya-s)* d'un antécédent *seas, etc.[2].

Rappelons que le *s* initial est issu en ce cas de l'assimilation des éléments du groupe *kś*, comme dans sk. *sam*, gr. σύν, auprès de ξύν, etc., et que la relation de ce groupe avec la gutturale initiale des thèmes relatifs et interrogatifs sk. *ka* (et *kva)*, gr. κο, lat. *qui*, est la même que celle de ξύν avec le lat. *cum* pour *scum*.

De ce qui précède nous conclurons d'abord que, si un *s* initial a pu tomber dans *yat* pour *syat* (cf. zend *hyat)*, dans *yudh* pour *syudh* (cf. ὑσμίνη pour *σjυσμινη), il a pu, — nous pouvons dire, il a dû, — tomber dans *yonis* pour *syonis*, auprès de la rac. *sû*, *su* pour *syu* (cf. *savas*, etc.), d'où *sûvan*, *sûvarî*, pour *syûvan*, *sûnus* pour *syûnus*, etc.

---

[1] Le *Dhâtupâṭha* indique la forme intermédiaire *suh*.
[2] Voir *Bibl. de la Faculté des lettres de Lyon*, t. VI, p. 142. — Cf. encore, sk. *tya-* et gr. τεο-, Curtius, *Grundz*[5]. 608.

Même explication pour *yošit*, *yošâ*, *yošanâ*, femme, auprès de *sûšâ*, *sûšànâ*, même sens, pour *syošâ*, *syušâ*[1], etc.

ὑμεῖς pour *σjυσμεις indique également que le thème sk. *yuśma-* est pour *syuśma-*; le *s* initial y représente, comme dans le zend *hyat* et le sk. *syas*, un ancien groupe *kś* conservé en zend dans *khśmad*, *khśmâkem*, etc., doublets de *yûśmad*, *yûśmâkem*, etc.

Mais, si le groupe *kś* s'est assimilé en *ss*, d'où *s*, dès la période d'unité, il est permis de croire qu'il en a été de même *a fortiori*, — étant donné l'affinité des dentales et de *s*, — du groupe correspondant *ts* ou *ds* (en gr. ζ). Cette hypothèse, jointe à tous les faits précédemment exposés, nous donne enfin la clef du rapport de ζυγόν, et de la var. éolienne σδυγόν (cf. le rapport de ξύν et *cum*) avec sk. *yugam*, lat. *jugum*., goth. *yuk*, lith. *jungas*; — ζυγόν est pour *ζjυγον, comme le prouve ζευγ- dans ζέυγνυμι, tandis que la racine indo-européenne est pour *dsjug, *sjug, ainsi que contribue à le montrer le doublet radical sk. *svañj, svaj*.

S'explique du reste comme ζυγόν, auprès de *yugam* :

ζώννυμι pour *ζjωννυμι, auprès du sk. *yun (yunâti)* pour *syun, (zend *yâonh*?).

Dans un certain nombre de cas le processus, pour ce qui est des consonnes initiales, reste sûr; mais celui du vocalisme radical est ambigu.

C'est ainsi qu'en ce qui regarde le sk. *yavas* pour *syavas, auprès de ζειά, et le sk. *yakan* pour *syakan, auprès de ἧπαρ pour *σηπαρ, il est à croire, sans qu'il soit possible de l'affirmer, que la syllabe initiale des formes sanskrites *ya* pour *ia, est le substitut d'un *â* (*aa*), représenté en grec par ε et η.

La même syllabe, dans la racine sk. *yaj*, a certainement pour antécédent *ea*, d'où (d'après le saṃdhi *te'pi*), *e'j*, *ij* aux formes faibles; cf. *ud* (venant de *o'd*) forme faible de *vad*, pour une forme plus ancienne *oad* (saṃdhi *so'pi*).

Au contraire, sk. *yûšan*, ζωμός, lat. *jus*, auprès de la rac. sk. *yas, yeś*, gr. ζείω, ζέω, indiquent un état vocalique plus complexe et qu'il y a déjà lieu de soupçonner dans *yas* pour *syas, auprès du latin *quis*, du gr. κο-, du sk. *kiv-* dans *kivant*, du grec *εος pour *εϜος.

---

[1] Ici je rattache sans hésiter avec Curtius, *Grundz*[5]. 395, υἱός (var. ὑιυc) pour *σjυιος ainsi que *yuvan*, *juvenis*, etc. pour *syuvan, etc.

Même remarque pour la rac. sk. *yam* si on en rapproche le gr. ζημία avec la var. dialect. δαμία, et par conséquent δάμνημι et le lat. *domo*.

Le vocalisme primitif très complexe de ces formes se rattache d'ailleurs à celui que nous examinerons dans le paragraphe suivant.

———

Des traces très voilées, mais néanmoins très sûres, des transitions par lesquelles a passé le vocalisme primitif indo-européen, se retrouvent aussi :

1º Dans les formes grecques comme βλώσκω pour *μβλωσκω, -μβροτος (dans ἀμβροτός, etc.). Le β, au lieu d'être une insertion euphonique, comme on l'a supposé, est le résultat de la consonnantification de υ en F et du changement de F en β devant une consonne douce ou une nasale comme dans γαμβρός pour *γανF'ρ-ος forme élargie sur ˙γανFερ, *γανFε:, auprès du lat. *gener* pour *genves*, cf. sk. *janivat* (bien remarquer que υ n'a pu devenir F que devant une voyelle).

Pareillement, *μβλωσκω est pour μF'λωσκω, *μɔελωσκω, et ἔμολον pour *ἐμο'λον; -μβροτος, pour *μF'ροτος, *μɔεροτος, cf. lat. *mortuus* pour *mo'r'tuus*, sk. *mṛtaˁ* pour *maratas*, *mvarvatas*, *moaroatas ;* ἀμβλύς pour *ἀμF'λυς, *ὀμο'λυς, auprès de *ἀμκυρός pour ἀμκο'ρος (de part et d'autre vocalisme complexe comme celui des formes qui seront etudiées au § III); βλέννα, pour *μβλεννα, *μF'λεννα, *μɔελεννα, auprès de μύρινος pour *μɔερίνος; βλάξ pour *μβλαξ, *μF'λαξ auprès de μαλακός pour ˙μFαλακος, laˑ. *mollis* pour *mo'llis;* βραδύς pour ˙μβραδυς, *μFραδυς, *μυ'ραδυς, auprès du sk. *mṛdus* pour *maradus*, *mvaradus*, ˙*moaradus;* μεσημβρία pour μεσ-ημF'ρ-ια, formation sur *ημωαρ (cf. *ἠκωαρ d'où ἦπαρ) d'où *ἠμωρ et ἦμαρ (cf. τέκμωρ–τέκμαρ), etc.

2º Dans la forme sansk. *śoḍaça* pour *śoa(ś)-daça*, comme le prouvent le zend *khśvas* pour *khsoas*, et le gr. ἕξ pour Fεξ (Curt. *Grundz*[5], 384), six.

§ III

1°. — Il reste à nous occuper des cas dans lesquels *ó* (ou ses substi·
tuts) se trouve placé entre deux autres voyelles *â–â* (ou leurs substituts), c'est à-dire quand il y a lieu de partir d'un groupe primitif
âóâ.

Exemples. — rac. θεϜα, avec les variantes θᾱϜε, θηϜε—, etc.,
dans θαϜε-ομαι, d'où θαῡ-μα pour *θαο'-μα. Ici se rattache sans
doute le lat. *tue-or* pour *t'oe-or*, avec élimination du substitut
de *â* devant *ó*, comme dans *sû-tor*, etc.

Si la rac. sansk. *dhyâ* appartient, comme c'est probable, à la
même famille, il faut admettre l'élimination de *v* après *y*, c'est-à
dire remonter à *dhyvâ, dhyoâ, dheoâ, dhâoâ*.

Rac. αϜεξ - dans αϜεξω, d'où αὔξω pour *αο'ξω ; — lat. *aug* -
pour *ao'g*, dans *augeo*; sk. *uakš* pour *'oakš*, forme faible *ukš*
pour *o'kš*. Mais ici se pose la question que nous avons déjà
abordée dans le tome VI de la *Bibliothèque de la Faculté des
lettres de Lyon*, pages 137–145, à savoir celle de l'existence d'un
esprit indo-européen correspondant à l'esprit grec et substitut
d'une ancienne sifflante, qui peut seul rendre compte de l'absence de
la première voyelle dans *uakš (vakš)* pour *s'oakš*. La preuve sûre de
la disparition d'un *s* initial en sanskrit en pareille circonstance
résulte du rapport des deux doublets radicaux : *vah*, forme faible,
uh pour *o'h* venant de *oah*, et *sah* pour *svah*, *soah*, comme
le montrent la variante radicale *suh* et les formes *sodhar* pour
soadhar, etc.

ἀείδω pour *ἀϜηδω, ἀοιδός pour *ἀονδος ; sk. *uad (vad)* pour *s'oad;*
forme faible *ud* de *o'd* ; même explication pour le gr. ὕδω. Il
est probable qu'ici se rattache le lat. *suad--eo*.

ἠϜελ-ιος pour *σϝελ-ιος; sk. *svar pour *s'oar, d'où sûryas pour *so'r-yas ; lat. sốl pour *s'ốl ; goth. sauil pour *saoel.

ἀϜηρ pour *ἀοηρ, αὖρ-α pour *ἀο'ρ-α, etc.

Le zend zevis et le goth. skiuba indiquent que le sk. juš -još, le gr. γεύω et toute la série kšep-kšip, etc., dont il a été question ci-dessus, page 12, comportaient primitivement un vocalisme aussi complexe que celui des exemples qui précèdent[1].

2°. — Quant à l'origine de cette complexité même, on peut s'en rendre compte par des formes comme κληϜιδς (κληίς), δαϜιδς (δαίς), pour *κλᾱ-οετς, *δᾱ-οετς, où il est permis de voir d'anciens participes de rac. klâ, serrer, fermer, dá, brûler, etc.

κληϜιδς a donné κλήζ-ω, κλεισ-τός pour *κλεϜιδσ-τος, κληίω et κλείω pour *κληϜιδσ-ω, *κληϜισ-ω, d'où l'apparence d'une racine κληϜιδ- qui n'est autre que la partie radicale d'un verbe dénominatif issu d'un participe ayant le sens de « ce qui ferme ».

De même δαϜιδς, « ce qui brûle », a donné *δαϜιω pour *δαϜιδσω, *δαϜισώ; δεδαυμένος pour *δεδκο'μενος, etc [2].

. Il est infiniment probable que καϜιω, καῦ-μα, etc., dérivent également d'un ancien participe *κᾱ-οετς.

En lat. clâvis (clâ-oes) est l'identique de κληϜιδς (dor. κλᾱϜιδς) ; clâvis est donc pour *clâvids, et ce mot après l'assimilation qui a changé ds en s a suivi dans sa déclinaison l'analogie de ceux en is comme le gr. κλείς, lui-même, dans les accusatifs du singulier et du pluriel κλεῖν, κλεῖς; cf. clavem, claves[3]. Claudo pour clao'do. *claoedo en dérive; d'où l'apparence d'une racine claud.

---

[1] Il faut y joindre ausssi toutes les formes grecques comme ἐέλδομαι, ἐέργει. ἐέρση, etc. (réunies par Curtius Grundz[5]. p. 578 seqq.,) pour *ϜεϜελδομαι, etc.

Parmi ces formes εὐέργη (variante de ἐόργη pour *ἐο'ργη) est particulièrement intéressante et nous fournit un exemple sûr des intermédiaires que j'ai supposés pour expliquer la généralité de celles qui ont un vocalisme analogue.

. Ajoutons que si *ϜεϜελδομαι est pour *οε-οελδομαι, — probablement par redoublement du groupe vocalique initial oe, — εἴλλω pour *ϜεϜιλλω, *οε-οιλλω explique le lat. volvo (ainsi que vox, voro, volo, vorto, etc.) pour o'o'lvo, oe-oelvo. Comparer à ces redoublements, ceux des formes comme μοιμύλλω pour *μοιμο'λλω et des thèmes intensifs sansk. comme tavitu- pour *taoi-taoi-, et surtout vidi, (sk. veda, gr. Ϝοιδα) pour *oe-oedi, *voedi, *vuidi, *vvidi.

[2] δας a donné *δαρ avec le rhotacisme de ς final; d'ou, avec élargissement et lambdacisme, δαλός et δῆλος. Ce dernier a donné le verbe δηλόω et l'apparence d'une racine δηλ.

[3] Pour une modification semblable des finales en latin et le changement de dé-

Le participe lat. *gavis-us* a conservé tous les éléments vocaliques d'un primitif *ga-oels*, *ga-oeds*, d'où dérive en gr. γαϜω pour *γαϜιδσ-ω, *γαϜισ-ω et le lat. *gaudeo* pour *gao'd-eo*.

Le gr. κληίζω, appeler, suppose un primitif de même forme que *κληιδς, mais qui n'est pas resté dans cette langue. Le latin, au contraire, l'a probablement conservé dans le mot *lauds (laus)* pour *clauds, *clao'ds, *claoeds

Un primitif comparable à κληίς, δαίς, *clâvis*, *laus*, etc., est οὖς pour *ὠατς (comme le prouvent les pluriels οὔατα et ὦτα), et mieux pour *ἀοατς ou *ἀωατς (cf. ᾠδή pour ἀοιδή); lat. *auris* pour *ao's-is*, *ao'ds-is*, *aoeds-is*, d'où *audio* pour *ao'dio*, *aoed-io;* cf. *ob-oedio* pour *ob-auedio*.

3°. — Le lat. *nâvis* pour *nâ-vis*, *nâ-oes* est à comparer à *clâvis*, tandis que le thème sk. *nâv* pour *nâo'*, *nâoe*, et le gr. ναῦς pour *ναο'ς, *ναοες, est à comparer à *laus*.

Si ναῦς est formé sur un thème *nâ* ou *snâ* auquel a été ajouté un suffixe *oels*, *oeds*, *oes*, il est fort à présumer qu'il en a été de même des formes ἱππεύς pour *ἱπποε-οες[1], *ἱππϜε-ο'ς, *ἱππ(Ϝ)ε-υς[2]. D'autre part, les formes en υς comme ἡδύς sont à celles-là comme ἔφυγον est à φεύγω; autrement dit, ἡδύς serait pour *ἡδε-οες, *ἡδj-ος, *ἡδj-υς, ce qui rend compte : 1° de l'articulation *av* dans les datifs sk. comme *svâdav-e*, etc., et de l'articulation εϜ dans les génitifs grecs comme ἡδεϜ-ος, etc; 2° de l'articulation *iv* des formes sanskrites comme *pṛthiv-î;* 3° de l'*i* des formes latines comme *sua(d)-vis* pour *sua(d)'-ves*, *suade-oes;* cf. *suave:*

clinaison qui en a été la conséquence, cf. *vulpes*, auprès de ἀλώπηξ, *unguis*, auprès de ὄνυξ, etc.

[1] Pour le thème ἱπποε-, voir ci-dessus, p. 33.

[2] La variante dialectale ἱππής ne saurait s'expliquer que par un antécédent *ἱππο̣ϳ̣ες̣.

PRINCIPAUX OUVRAGES DU MÊME AUTEUR

LYON. — IMPRIMERIE PITRAT AINÉ, RUE GENTIL, 4.

www.ingramcontent.com/pod-product-compliance
Ingram Content Group UK Ltd.
Pitfield, Milton Keynes, MK11 3LW, UK
UKHW021715130726
13696UKWH00004B/1833